AF262098

ÉLOGE

DE

LOUIS XVI,

ROI DE FRANCE.

ÉLOGE

DE

LOUIS XVI,

ROI DE FRANCE;

Prononcé, le 4 Août 1814, en présence des Autorités constituées, des Facultés et des Membres de l'Instruction publique ;

Par M. Alexandre-Auguste Jamme, Chevalier ès Lois, ex-Bâtonnier de l'ancien ordre des Avocats, Maître et Mainteneur de l'Académie des Jeux Floraux, Président de celle des Sciences, Inscriptions et Belles-Lettres, Professeur du Code civil en la Faculté de Droit, et Recteur de l'Académie Royale de Toulouse.

A Toulouse, de l'Imprimerie de M.-J. Dalles, près la rue des Changes.

M. DCCC. XIV.

d'une éloquence adulatrice. J'ai répété ses paroles, j'ai rapproché quelques actes de sa bonté, je l'ai peint d'après lui-même et avec ses propres couleurs. Si le temps avait pu affoiblir ces touchans souvenirs, je l'aurais montré tel que vous parûtes à nos yeux, MONSEIGNEUR, lorsque la providence vous amena dans nos murs, pour essuyer des larmes que vous n'aviez pas fait répandre, et réparer des maux que vous n'aviez pas causés.

Le signal de notre délivrance n'était pas encore parvenu jusqu'à nous, lorsque nos cœurs s'élançant au devant du vôtre, remettaient aux descendans D'HENRI IV un héritage destiné à perpétuer la gloire de huit siècles de bons Rois, sur le premier Trône du monde.

Je suis avec le plus profond respect,

MONSEIGNEUR,

De votre Altesse Royale,

Le très-humble et très-obéissant serviteur,
JAMME.

ÉLOGE

DE

LOUIS XVI,

ROI DE FRANCE.

MESSIEURS,

QUAND j'exprimais, il y a quarante ans, les
regrèts de l'Académie des Jeux Floraux, sur la
tombe de Louis xv, pouvais-je me croire destiné à r'ouvrir aujourd'hui, l'effroyable plaie
que la plus infernale férocité a faite à la France,
en traînant sur l'échafaud, le successeur de 66
Rois, et l'héritier des qualités éminentes et des
vertus distinctives de ceux qui ont le plus ho-

noré la Royauté ? Ma voix sera-t-elle donc encore l'écho de la douleur publique ?

Ministres du très-haut , félicitez - vous de
trouver dans la religion , des ressources qui
manquent à l'éloquence humaine. Les cieux
s'ouvrent devant vous, et s'enrichissent des pertes
de la terre. Le supplice d'un Roi innocent
n'est à vos yeux, qu'un échange d'une couronne
périssable contre une couronne immortelle , ses
souffrances ne sont que la source d'une éternelle
félicité , et vous ne voyez dans sa mort, que
la palme triomphale du martyre.

Grand Dieu , que vos jugemens sont impé-
nétrables ! La dépravation des mœurs , l'esprit
d'irréligion qui s'était répandu dans presque
tous les rangs de la société , l'audace de cette
philosophie impie qui voulait braver votre toute-
puissance , avaient-ils comblé la mesure des
vases de votre colère ? Est-ce pour punir les
peuples , que votre foudre tombe sur la tête des
Rois ? Le Trône des français avait-il besoin
d'être épuré dans le sang d'une grande victime
que vous aviez préparée, pour la rendre plus
pure et plus parfaite , à supporter progressive-
ment l'humiliation , l'outrage et tous les raffine-
mens de la barbarie ? ma raison s'égare , se
confond , et ne peut que se prosterner devant
les décrets de votre providence.

En attendant que le burin de l'histoire ait rassemblé toutes les horreurs qui doivent épouvanter les races futures, allons porter sur le tombeau de ce bon Roi, le tribut d'amour et de reconnaissance, que la France doit à cette candeur, cette douceur de mœurs, ce fond d'humanité, cette heureuse réunion de vertus capables de faire le bonheur d'un peuple qui aurait su les apprécier.

Mais que dis-je ! je parle de tombeau, et je cherche en vain un asile où ses cendres reposent. La rage qui l'a poursuivi pendant sa vie, **ne** devait pas être assouvie par sa mort ; il était arrêté d'avance, que son corps serait jeté dans la chaux vive, afin de priver les français fidèles de la consolation de pleurer sur les ossemens du juste.

Il ne reste donc de ce Roi vertueux, sur cette terre coupable, que le souvenir de la bonté de son cœur et de l'héroïsme de son ame.

C'est ce double tableau, que je vais exposer à vos yeux, MESSIEURS, en recueillant dans sa vie privée et publique, les faits les plus propres à le caractériser.

PREMIÈRE PARTIE.

Il y a peu d'hommes dont on puisse retracer toutes les actions, sans en trouver aucune dont les motifs soient dignes de blâme. C'est un avantage qu'on ne peut refuser à la mémoire de Louis XVI, que la France et l'univers entier ont proclamé *le plus honnête homme de son royaume.*

Je laisse à l'histoire à le suivre pas à pas depuis son berceau jusqu'à sa mort. Les bornes d'un éloge ne me permettent point de me livrer à ce détail intéressant.

Je laisse également à l'éloquence ces prestiges de style, ce luxe d'expressions, ces mouvemens oratoires dont la plupart des panégyristes ont besoin, pour enrichir des sujets stériles et prêter à leurs héros les qualités et les sentimens que leur rang et leur situation demandaient.

En jetant les yeux sur le vaste théatre de la révolution française, regardée comme l'événement le plus extraordinaire des temps modernes, au milieu de la lutte des partis et du choc des passions inséparables des convulsions politiques, il n'y a rien de plus difficile que

d'observer avec calme, et de juger avec impar-
tialité, les acteurs des ces scènes mémorables.

Le moyen le plus sûr de les montrer tels qu'ils
sont, est de les dépouiller, pour ainsi dire, de
cette ame d'emprunt qu'ils doivent souvent aux
circonstances.

C'est par les faits qu'il faut les juger, parce
qu'ils sont plus puissans que les paroles.

S'il s'agit du caractère des rois, il faut se
prémunir contre l'opinion que l'adulation ou
l'intérêt peuvent avoir formée pendant leur
vie : c'est lorsque la mort a déchiré le voile qui
couvrait leurs actions, qu'ils vont prendre
pour toujours la place que la postérité doit leur
assigner.

En les confrontant avec les faits qui leur sont
personnels, avec leurs écrits, leurs pensées,
l'épanchement de leur ame, les effusions de
cœur confiées à l'intime amitié, on est assuré de
ne pas se méprendre dans le jugement qu'on en
portera.

C'est par des faits de ce genre, qu'il sera aisé
de nous fixer sur la mémoire de Louis XVI. Je
les puiserai dans son adolescence, sur les mar-
ches du trône et sur le trône même.

Partout la bonté de son cœur se manifestera ;

monument plus digne d'une éternelle durée, que ces mausolées magnifiques construits à grands frais, ces statues de marbre et de bronze que le temps dévore en silence, et que les grandes catastrophes renversent avec éclat.

Vous le savez, Messieurs, Louis XVI, nommé duc de Berry, naquit le 23 août 1754, de Louis Dauphin de France, et de Marie Josephe de Saxe, dont l'union justement reconnue comme l'exemple et le modèle de l'amour conjugal, fut bénie de la naissance de plusieurs princes.

Personne n'ignore qu'ils furent élevés dans le sanctuaire de la religion et à l'école de la vertu. La France en fut témoin, et ils nous en fournissent chaque jour eux-mêmes la preuve la plus convaincante.

Monsieur le Dauphin ayant perdu le *Duc de Bourgogne*, son fils aîné, donna une attention particulière à l'éducation du Duc de Berry.

Les progrès de tous les genres ne pouvaient être que rapides sous un père qui réunissait dans son esprit tout ce que l'étude peut acquérir, et dans son cœur toutes les vertus que la sagesse peut inspirer.

Les leçons d'humanité et de bienfaisance, animées par l'exemple, découlaient du cœur de ce prince auguste, sur celui de ses enfans, comme sur un sol que ses mains paternelles avaient préparé à les recevoir.

Après la mort de Monsieur le Dauphin, le Duc de Berry n'avait plus qu'un pas à faire pour parvenir au trône.

O trop malheureux prince, la capitale vit avec attendrissement, qu'au lieu de penser à cette triste prérogative, vous futes inconsolable de la mort d'un père dont tout vous retraçait l'image et le souvenir !

On n'a pas oublié que la première fois que vous parûtes, après cette fatale époque, dans les galeries de Versailles, ayant entendu crier *place à Monseigneur le Dauphin*, ce cri perça votre cœur d'une douleur si profonde, que tous vos sens vous abandonnèrent ; l'on put présager dès-lors le caractère de bonté que vous deviez imprimer à toutes les actions de votre vie.

A peine futes-vous instruit du désastre survenu pendant la fête consacrée par la ville de Paris, à la célébration de votre mariage, que la pénible situation de votre ame se manifesta dans votre lettre au lieutenant général de police.

« J'ai appris les malheurs arrivés à mon occa-
» sion ; j'en suis pénétré. On me remet dans ce
» moment ce que le Roi me donne tous les mois

» pour mes menus plaisirs : je ne puis diposer
» que de cela ; je vous l'envoie, secourez les plus
» malheureux. »

La passion de Louis était de porter en secret des consolations et des secours dans le sein des familles dont il connaissait les besoins ; il regardait comme une bonne fortune de se conformer ainsi aux leçons de son vertueux père ; ce fut la touchante expression dont il se servit un jour qu'il fut surpris par quelques-uns de ses officiers, au sortir d'un des asiles de l'indigence ; *il est bien singulier*, leur dit-il avec une aimable gaieté, *que je ne puisse aller en bonne fortune, sans qu'on le sache.*

Sa vie privée me fournirait une foule d'anecdotes de ce genre, où le cœur se peint sans apprêt et sans déguisement.

Résolu à ne point en surcharger ce discours, je ne saurais cependant omettre, que sa bienfaisance alla chercher des malheureux, même au-delà des mers.

Un capitaine de navire échoue sur une des cotes de la Guinée : après un long et dur esclavage, il parvient à briser ses fers. De retour en France, il déplore le sort de sept hommes de l'équipage qui gémissent sous le joug des barbares.

Louis l'apprend, son cœur en est ému : deux bâtimens volent à leur secours, trois des captifs avaient péri, les quatre viennent bénir la main qui les a rendus à la liberté.

Mais la scène change : à vingt ans il est salué roi de France et de Navarre. *O mon Dieu*, s'écrie-t-il, les yeux levés vers le ciel, à l'exemple de Salomon, *mon Dieu, aidez mon insuffisance !*

Français, le ciel a prévenu vos vœux, il vous accorde un roi tel que vous pouviez le désirer ; un roi sage et éclairé, dont les connaissances sont au niveau des progrès des lumières, et dont la maturité a devancé le cours des années ; un roi dont les mœurs irréprochables doivent commander le respect aux cœurs même les plus corrompus ; un roi religieux dont la pureté des vertus primitives n'a jamais été altérée par la dépravation générale, et qui a senti que ce n'est qu'en tenant sa tête dans les cieux, qu'on peut échapper aux vapeurs de la terre ; un roi qui par l'amour de l'ordre et de l'économie, employera tous les moyens possibles pour rétablir la confiance publique, et réparer le délabrement de vos finances ; un roi pacifique qui connaît le prix du sang de ses sujets, et qui, par la rectitude de son esprit et la bonté de son cœur, doit régner sur son peuple comme un père tendre et vigilant règne sur une famille au bonheur de laquelle il est toujours prêt à tout sacrifier; un Roi, enfin, que vous auriez choisi, si la loi avait eu besoin de vos suffrages. Ah ! si la France peut être régénérée, si elle peut être sauvée, c'est par lui qu'elle le sera.

Aussi le verrez-vous subordonner toujours ses intérêts aux vôtres; se nourrir dans la retraite des sentimens inspirés par la religion, la bienfaisance et l'humanité, éclairer son esprit par la lecture approfondie des meilleurs écrivains, les enrichir même de notes lumineuses, correspondre avec les artistes les plus utiles à la société, et avec les savans les plus consommés, tracer d'une main hardie et sûre la route que doit tenir La Pérouse, pour tenter un passage, par le nord, dans les mers de l'Inde; (*) opposer la sévérité des principes et l'autorité de l'exemple à la

____

(*) Il avait fait écrire son mémoire par une main étrangère. Après le plus mûr examen, le conseil le préféra à tous les autres, ainsi que le plan qui l'accompagnait.

Trois mois après le départ de M. de La Pérouse, le ministre de la marine ayant témoigné son étonnement du secret qui avait été gardé, *j'ai voulu,* lui dit-il, *qu'on jugeât la chose et non pas le Roi.*

décadencé des mœurs, recueillir dans l'histoire ancienne et moderne les leçons que le
passé donne à l'avenir, et puiser dans les annales
de la nation l'horreur des désastres de la guerre,
de ces dissentions civiles qui la déchirèrent
trop souvent.

Son amour de la paix doit redoubler notre
vénération pour sa mémoire, sur-tout après
avoir gémi pendant si long-temps sous la verge
de fer dont la providence s'est servie, pour faire
subir à la France sa peine expiatoire.

Mais n'anticipons pas les événemens, Louis
vient de monter sur le trône. Suivons-le dans
cette nouvelle carrière, et voyons si la pompe,
si l'éclat de la toute-puissance ont changé ou
altéré cette bonté naturelle, ces sentimens d'humanité et de justice qui caractérisent les bons
Rois.

Pour se donner des coopérateurs capables
d'améliorer le sort de la nation, il s'entoure de
ces hommes dont l'opinion publique semblait
lui garantir les lumières, la sagesse et la probité.

Il trouve les départemens de chaque ministère
grevés d'une dette regardée alors comme immense, et depuis long-temps arriérée ; une
somme de plus de soixante-dix-huit millions
est dévorée d'avance sur les revenus de l'état ;

la dépense excède la recette de plus de vingt-deux millions : les rentiers tremblaient pour leurs capitaux, le découragement était général, et le trésor public épuisé, ne pouvait suffire à la multiplicité des demandes. Voilà le poids accablant que la royauté imposait à Louis, voilà le gouffre qu'il avait à combler.

C'est dans son cœur, c'est dans son amour pour ses peuples, qu'il va puiser la généreuse résolution de venir au secours de l'état.

Son premier édit ressemble plutôt au langage d'un père tendre qu'à l'expression d'un souverain.

« Notre premier désir » dit-il, « est de rendre » nos peuples heureux.....

» Il est des dépenses qui tiennent à notre per- » sonne et au faste de notre cour. *Sur celles-là* » *nous pourrons suivre promptement les mouve-* » *mens de notre cœur*, de tels sacrifices ne nous » coûteront rien : *le bonheur de nos sujets fera* » *notre gloire, et le bien que nous pourrons leur* » *faire, sera la plus douce récompense de nos* » *travaux.* »

Il veut que cet édit soit le gage de ses intentions, et la preuve qu'il a commencé son règne comme Antonin et Louis XII, en abandonnant le droit du joyeux avénement à la couronne.

Louis

Louis a toujours accueilli avec empressement tout ce qui pouvait tendre au soulagement de son peuple.

L'assemblée nationale le consulte sur des réformes qu'elle projette de faire dans la maison du roi.

« Assurez » lui répond Louis » des fonds pour » le payement des créanciers de l'état : *ce qui* » *me regarde personnellement est la moindre de* » *mes inquiétudes.* »

C'est dans les mêmes sentimens qu'il lui écrivait dans une autre occasion : « pourvu que la liberté » et l'ordre public, ces deux sources de la pros- » périté de l'état soient assurés, ce qui me man- » quera en jouissances personnelles, je le trouverai » et bien au-delà dans la satisfaction attachée » au spectacle journalier de la félicité publique.

» Je crois n'avoir pas besoin » lui écrivit-il encore, » de vous rapeler le peu d'importance » que je mets à ce qui touche mes intérêts, et » combien je les subordonne à l'intérêt public.

» *Mes plus grands intérêts sont ceux de la* » *nation et le soulagement des peuples, ce sont* » *ceux-là qui me touchent le plus essentielle-* » *ment, et qui me sont vraiment personnels.* »

Avec de pareils sacrifices qui ne lui coûtèrent jamais ni efforts ni regrets, la restauration des

B

finances s'opérait tous les jours. Il monta sur le trône au mois de mai 1774, et dès le commencement de 1776, il avait déjà remboursé 24 millions de la dette exigible, 50 millions de la dette constituée, et 28 d'anticipations.

La France avait perdu sa marine : dans l'espace de deux ans, elle en forma une capable de soutenir dignement l'honneur du pavillon français ; et cette création qui tenait du prodige, se fit sans aucun impôt.

L'histoire recueillera avec admiration son discours d'ouverture des états-généraux.

Celui qu'il prononça dans la séance royale du 23 juin (*) doit faire époque dans les annales du monde.

Ce discours qui, sans porter atteinte à la majesté du trône, fait concourir la justice, la bienfaisance, la réforme des abus dénoncés dans les cahiers des doléances, et les sacrifices personnels, aurait satisfait tous les esprits et concilié tous les cœurs, si le perfide ministre, cet étranger qui avait juré d'établir une république sur les débris de la monarchie, n'avait eu l'art de retarder cette séance jusqu'à ce qu'il eût préparé les factieux à la rendre inutile.

Mais laissons là les discours solennels pour

____

(*) 1789.

chercher les vrais sentimens de Louis dans ces
lettres familières, l'image de la pensée et le
miroir de l'ame, où l'on semble se parler à soi-
même, où le cœur coule, pour ainsi dire, sur le
papier. C'est là qu'on se peint de ses propres
couleurs, et que, sans y songer, on fixe la place
qu'on doit occuper dans l'histoire.

Ces lettres auront le double avantage de montrer à la postérité l'ame toute entière de Louis
XVI, et de présenter, sous leur véritable jour,
les événemens extraordinaires dont je vous dois,
Messieurs, le fidèle récit.

Prenons quelques fragmens d'une lettre écrite
à un des instituteurs de son fils, (*) dans laquelle
il semble soulever le voile de l'avenir. Nous y
verrons et le fruit de ses études, et les grandes
leçons dont il voulait nourrir le cœur de l'héritier de sa couronne, pour le rendre digne de
l'amour des Français.

« Vous me demandez des instructions propres
» à diriger l'éducation de Monsieur le Dauphin,
» dans cet âge tendre où les passions n'ont point
» encore parlé, où la raison cependant laisse à
» l'enfant la volonté et le pouvoir d'apprendre.

» Ces instructions me paraissent d'autant plus
» utiles, qu'il existe peu d'ouvrages qui puissent
» guider les instituteurs. Voici les réflexions qui

(*) 11 mars 1791.

» m'ont été suggérées par la lecture des bons
» écrivains, et que j'ai essayé de tracer avec
» toute la clarté possible. Je l'ai fait avec ce
» zèle que dictent la tendresse d'un père et le
» sentiment d'un homme vivement pénétré des
» devoirs qu'inspire le rang où mon fils est ap-
» pelé par sa naissance.

» Apprenez-lui, de bonne heure, à savoir par-
» donner l'injure, à oublier l'injustice, à récom-
» penser les actions louables, à respecter les
» mœurs, à être bon, à reconnaître les services
» qui lui ont été rendus.

» Parlez-lui souvent de la gloire de ses aïeux,
» et offrez-lui pour modèle de conduite Louis
» IX, héros religieux; Louis XII qui ne veut point
» punir les injures faites au duc d'Orléans, et
» qui reçoit des Français le titre de père du peu-
» ple; le Grand-Henri, qui nourrit la ville de
» *Paris pendant qu'elle l'outrage, et lui fait la*
» *guerre;* Louis XIV, non lorsqu'il donne
» des lois à l'Europe, mais lorsqu'il pacifie
» l'univers, et qu'il est le protecteur des talens,
» des sciences et des beaux arts.

» Ce n'est point des exploits d'Alexandre, ni
» de Charles XII dont il faut entretenir votre
» élève : ces princes sont des météores qui ont
» dévasté la terre. Parlez-lui, et de bonne heure,

» des princes qui ont protégé le commerce,
» agrandi la sphère des arts, enfin, des rois tels
» qu'il les faut aux peuples, et non tels que
» l'histoire se plaît à les louer.

» Parlez-lui » ajoute-t-il » et toujours avec res-
» pect de Dieu, de ses attributs et de son culte :
» prouvez-lui que l'autorité des rois vient de
» Dieu; et que s'il ne croit pas à la puissance du
» Maître des rois, il sera bientôt la victime de
» ces hommes qui ne croient rien, méprisent
» l'autorité, et s'imaginent être les égaux des rois.

» Qu'il apprenne, dès-à-présent, que la reli-
» gion est digne de tous ses hommages; que
» l'incrédulité et la fausse philosophie minent
» sourdement les trônes, et que l'autel est le
» rempart des rois religieux.

» Méfiez-vous de tous ces principes erronés,
» enfans perdus de la nouveauté, de l'esprit du
» siècle, et du poison de l'incrédulité.

» Loin de lui tous les ouvrages où la philo-
» sophie prétend juger Dieu, son culte, son
» église et sa loi divine.

» Souvenez-vous de lui enseigner que c'est
» lorsqu'on peut tout, qu'il faut être très-sobre
» de son autorité. Les lois sont les colonnes du
» trône : si on les viole, les peuples se croient
» déliés de leurs engagemens.

» J'aurais encore bien des choses à vous dire,
» que me dictent ma tendresse pour mon fils,
» et le désir de former son cœur et son esprit.....
» J'ai besoin de vous voir quelquefois; venez avec
» votre élève, au milieu des chagrins qui dé-
» chirent mon ame, mon unique consolation est
» dans mon fils. »

Ici, Messieurs, le cœur se déchire double-
ment. Suspendons nos larmes et sur le père et
sur le fils, et voyons comment ce bon roi parle
le langage de l'amitié.

« Je n'ai pu vous exprimer assez dans notre
» dernier entretien, mon cher Malesherbes, tout
» le déplaisir que me causait votre résolution
» bien prononcée de vous démettre de votre mi-
» nistère. Maintenant que j'ai réfléchi avec quel-
» que maturité sur cet objet, je vais vous ouvrir
» mon cœur, et je transmets mes idées sur le
» papier, pour qu'elles ne s'échappent point de
» ma mémoire.

» Entouré, comme je le suis, d'hommes qui
» ont intérêt à égarer mes principes, à empêcher
» que l'opinion publique ne parvienne jusqu'à
» moi, il est de la plus haute importance, pour
» la prospérité de mon règne, que mes yeux de
» temps en temps se reposent avec satisfaction
» sur quelques Sages de mon choix, que je puisse

» appeler les amis de mon cœur , et qui m'aver-
» tissent de mes erreurs avant qu'elles aient influé
» sur la destinée de vingt-quatre millions d'hom-
» mes.....

    » Je suis obligé de renvoyer à des temps
» plus heureux le moment si cher à mon cœur,
» où bannissant une vaine pompe, je n'aurai plus
» d'autre maison que les hommes de bien tels
» que vous , et pour gardes que les cœurs des
» Français........ Restez au ministère, mon cher
» Malesherbes , votre franchise m'est nécessaire
» encore, et vous la devez à votre ami, si vous
» ne la devez pas à votre roi (*). »

    Ah ! prince, digne d'un meilleur sort, en lui
ouvrant votre cœur, vous avez dû lire dans le sien.
Il bravera tous les dangers, partagera toutes vos
douleurs, versera dans votre ame tous les genres
de consolation, et la férocité s'abreuvera de son
sang, pour le punir de sa fidélité et de son
courage.

    Mais poursuivons :

    « Vous avez trouvé, Madame , à la cour de
» St.-James » écrit-il à la princesse de Lamballe»
» une terre hospitalière, un peuple tranquille et
» fier des lois qui le protègent; vous devez être
» bien heureuse, et vous voulez nous sacrifier votre

____

(*) Lettres du 17 avril et 16 mai 1776.

» bonheur ! vous voulez revenir près de nous,
» partager nos peines et celles de la reine ; ce
» dévouement est trop noble et trop généreux ,
» pour que je ne vous engage à en suspendre
» l'exécution encore quelque temps. Ce sera nous
» prouver que vous nous aimez, que de vous
» conserver pour des jours plus heureux, si nous
» pouvons encore les espérer. *Le présent est*
» *affreux ! quel sera l'avenir ? Dieu et les mé-*
» *chans seuls le savent.*

   » Nous désirons sans doute beaucoup de vous
» voir ; mais nous ne vous aimerions que pour
» nous, si nous ne balancions pas vos tendres
» sentimens par la prière la plus instante, de ne
» pas vous exposer dans un moment où tous les
» crimes ont leur impunité, et tous les excès
» leurs approbateurs. »

Princesse infortunée , cédez aux conseils de
la plus tendre amitié. La mer qui nous sépare
est moins redoutable en naufrages dans les temps
les plus orageux, que les bords ensanglantés que
nous habitons. Ne venez pas irriter, par votre
présence, la rage des tigres qui vous attendent.

En se livrant à la même effusion de cœur,
Louis écrivait à M. le duc de Polignac :

« Le tendre intérêt que vous nous témoi-

» gnez (*) porte quelque allégement dans notre
» position.......

   » Ceux qui, sous le prétexte spécieux de tout
» régénérer, sapent les bases de la monarchie,
» n'ont point diminué d'audace depuis votre dé-
» part; les maux de la France augmentent pro-
» gressivement d'une manière effrayante; plus je
» médite l'histoire de mes aïeux, plus je suis
» convaincu que nous sommes à la veille de la
» subversion la plus cruelle dans ses résultats :
» *Il était si facile d'opérer le bien, lorsque moi-*
» *même j'allais au-devant de tout ce que le peuple*
» *pouvait raisonnablement ambitionner. Je n'ai*
» *du moins rien à me reprocher : j'ai tout fait*
» *pour étouffer les haines, prévenir les esprits*
» *et concilier les cœurs.* »

   Mais avons-nous besoin, Messieurs, de lire
encore dans son ame ? Tous les actes de sa vie
ne nous prouvent-ils pas qu'il ne s'est jamais
occupé que de l'intérêt de ses sujets ? N'est-il
pas hautement reconnu, qu'il suffisait de lui montrer la félicité publique, pour l'amener aux ré-
solutions qui pouvaient le plus répugner à son
cœur ? Ne l'avons-nous pas vu s'oublier lui-
même dans les crises les plus violentes, pour
arracher son peuple au danger qui le menaçait ?

(*) 18 mai 1790.

Puis-je me rappeler sans effroi le premier attentat commis contre la majesté royale, dans son palais et au milieu de ses gardes ?

J'entends le bruit sourd et menaçant d'une tempête horrible. J'entends le tocsin qui réunit toutes les alarmes; les hommes, les femmes se pressent, se heurtent dans une foule immense, comme les vagues agitées s'entrechoquent dans l'océan soulevé. Les factieux dirigent sur la route de Versailles l'affreuse réunion de ces furies que le vice a gangrenées, et de ces bataillons hideux ramassés dans les boues ou dans les cachots, prêts à consommer les crimes qui leur ont été commandés.

Le récit des vengeances populaires ajoute à l'horreur de la situation du roi et de son conseil.

Faut-il repousser par la force armée ces hordes formidables qui vont se déborder sur le château ? Faut-il échapper par la fuite au fer des assassins ? La terreur, la confiance du courage, la crainte de succomber agitent tour-à-tour les esprits. On ne cesse de répéter au roi qu'il faut résolument déployer toutes ses forces, ou partir dans l'instant.

Inébranlable au milieu de l'orage, c'est toujours dans son cœur et dans son amour pour son peuple, qu'il puise les motifs de sa conduite.

« *Mon évasion*, dit-il, *va laisser égorger par une multitude égarée, tous ceux qui ne me suivront point, il n'est pas juste d'exposer la vie de plusieurs, pour sauver la mienne. Je ne partirai pas.*

On insiste, ses amis l'en conjurent ; les séditieux, par des motifs différens, le pressent tumultueusement de les suivre à Paris.

Il rentre en lui-même, les horreurs d'une guerre civile s'offrent à son imagination, son ame se soulève, et après une profonde réflexion, il s'écrie : *j'irai à Paris, je me confie à mon peuple, quoi qu'il arrive, je ne veux pas qu'une goutte de sang soit versée pour moi.*

Ces dernières paroles vous rappellent sans doute, Messieurs, celles de Titus pardonnant aux conjurés, et assurant *qu'il aime mieux périr que causer la perte d'un seul homme*

Que de rapports entre Louis et cet empereur les délices du genre-humain ! puisse l'histoire réunir les traits qui caractérisent ces deux princes !

Fut-il jamais de cœur comparable à celui de Louis XVI ? De quelle douleur n'était-il pas pénétré de lutter en vain contre le torrent qui allait entraîner la France dans le plus affreux précipice ?

(28)

... « Chaque jour » disait-il au duc de Polignac »
» voit éclore des projets plus ou moins désas-
» treux : sans moyens repressifs je fais seul tête
» à l'orage. Cela peut-il durer long-temps? (*)

Non, votre courage est inutile, la nuit du 4
août a décidé du sort de la France; c'est dans
cette nuit que se déroula le grand plan de la
révolution, et que furent renversées les premières
barrières qui s'opposaient au nivellement des
rangs et des fortunes : dans trois heures fut dé-
truit l'ouvrage de dix siècles. Le parti dominant
a brisé l'épée de la noblesse et anéanti ses anti-
ques privilèges, le clergé est dépouillé de ses
prérogatives, le vaisseau de l'état ne flotte plus
que sur une mer orageuse, et le titre de *restau-
rateur de la liberté française*, qui vous a été donné
au milieu des acclamations d'un peuple livré au
délire d'une perfide joie, n'a été qu'un signal de
détresse et d'alarme : je ne vois que la licence
égorgeant la liberté, et l'anarchie siégeant sur
les débris des lois. Cette réunion de notables, ces
états-généraux dont les parlêmens exigèrent la
convocation avec tant d'empire, ces assemblées
nationales qui devaient tout régénérer, n'ont eu
de force que pour renverser les colonnes du
temple.

____

(*) Même lettre du 18 mai 1790.

Si jamais il entrait dans l'idée de quelque ingrat d'inculper la mémoire de ce Roi malheureux, qu'il lise sa lettre du 7 septembre 1789, et qu'il ose soutenir encore son injuste accusation!

« Tous les ordres de l'état » y est-il dit » se » sont réunis, tout le peuple s'armait contre » moi, toute l'armée oubliait ses sermens, l'honneur et son Roi.

» Si j'avais donné le signal du carnage, des » milliers de Français auraient été immolés.... » Tandis que l'asssassin est déchiré par les re- » mords, je puis dire hautement : je ne suis » pas responsable du sang versé; je n'ai point » ordonné le meurtre; j'ai sauvé ma famille, » mes amis, tout mon peuple : j'ai la cons- » cience intime d'avoir fait le bien; mes enne- » mis ont eu recours aux forfaits. Quel est celui » d'entre nous dont le sort est le plus digne » d'envie! Le temps, les circonstances, et mille » causes qu'il serait trop long de détailler, ont » fait les malheurs de la France. Il serait trop » cruel de me les reprocher : ce serait se joindre à » mes ennemis, et déchirer ce cœur paternel. Je » me suis sacrifié pour mon peuple. »

Votre peuple, Prince trop généreux, a senti tout le prix de votre sacrifice, et n'a jamais cessé de proclamer la bonté de votre cœur.

Lisons la lettre à M. de Bouillé (*).

« Vous avez fait votre devoir, Monsieur, cessez
» de vous accuser........ Le destin s'est opposé à
» mes projets et aux vôtres ; de fatales circons-
» tances ont paralysé ma volonté, votre courage,
» et ont rendu nuls vos préparatifs. Je ne mur-
» mure point contre la Providence....... Il faut
» une ame atroce pour verser le sang de ses su-
» jets, pour opposer une résistance funeste et
» amener la guerre civile en France. Toutes ces
» idées ont déchiré mon cœur...... Pour réussir,
» il me fallait le cœur de Néron et l'ame de
» Caligula. »

Que j'aime à avoir de pareils sentimens
à célébrer !

Dans l'oraison funèbre du Grand Condé,
Bossuet avait à choisir entre l'éclat des vic-
toires, les merveilles de sa vie, et la bonté de
son cœur. Il ne balance pas à donner la préfé-
rence à cette vertu céleste.

« Lorsque Dieu forma le cœur et les entrailles
» de l'homme » dit-il » il y mit premièrement la
» bonté comme le premier caractère de la nature
» divine, et pour être comme la marque de cette
» main bienfaisante dont nous sortons. »

C'est ce caractère sacré qui a distingué les rè-

____

(*) du 3 juillet 1791.

gnes de Louis XII et d'Henri **IV**, que nous ré-
vérons sur la tombe de Louis **XVI**, et que nous
retrouvons tout entier dans le cœur du Prince
que le Ciel a rendu enfin à nos vœux.

A qui devons-nous l'abolition des corvées,
la salubrité des prisons, les bornes mises à l'ar-
bitraire des lettres de cachet, l'abrogation de la
question préparatoire, qui ne servait qu'à tour-
menter l'innocence sans fournir aucune preuve
légale (*) contre le crime ? C'est à Louis **XVI**.

Son cœur était le sanctuaire de cette bonté
naturelle qui a caractérisé les actes les moins
propres à la faire éclater.

A son retour de Varennes (**), un membre
de l'assemblée nationale se permet de blâmer le
parti qu'il avait pris, et de lui dire : « On sentait
» déjà, Sire, le besoin qu'on avait de Votre Ma-
» jesté ; on allait revenir à vous : votre départ a
» donné à l'assemblée une force nouvelle. »

Ah ! s'empresse-t-il de lui répondre, *qu'elle
s'en serve pour le bonheur du peuple, et je la
bénirai à jamais.*

Deux commissaires de la municipalité étaient
chargés de sa garde.

____

(*) Il suffisait à l'accusé de dire que les aveux faits pendant
la question, lui avaient été arrachés par la force des tourmens,
pour qu'ils ne pussent pas lui être opposés.

(**) 22 juin 1791.

Un d'eux s'écrie tout-à-coup, en s'adressant au Roi : *venez vite, venez voir un spectacle curieux*, l'autre se hâte au contraire de se placer au devant de lui, *ah ! non, non*, lui dit-il, *de grâce, n'approchez point, ne regardez pas. Quelle horreur ! peut-on vous appeler pour vous faire voir un semblable objet ?*

C'était la tête de la Princesse de Lamballe qui venait d'être égorgée dans l'épouvantable boucherie des 2 et 3 septembre.

En racontant, dans les derniers jours de sa vie, cette affreuse anecdote à M. de Malesherbes, Louis lui exprimait, en versant des larmes, combien il avait été sensible au procédé de ce commissaire : « Ne pouvant mieux faire » ajou-tat-il » je l'ai prié de me dire son nom et son » adresse. »

L'avez-vous aussi demandé à l'autre, dit M. de Malesherbes ?

Oh ! l'autre, je ne veux pas le connaître.

Ce trait peint toute son ame : dans toutes les circonstances où il s'est trouvé ; il n'a retenu que le souvenir de ceux qui lui ont donné quelque marque d'intérêt.

Le 24 décembre, (*) M. Deseze lui fait la

______

(*) 1792.

lecture

lecture de son plaidoyer, **M.** de Malesherbes a attesté, qu'il n'avait rien vu de si pathétique, que sa péroraison, que **M.** Tronchet et lui en furent touchés jusqu'aux larmes, et que le Roi dit : *il faut la supprimer, je ne veux pas les attendrir, ils croiraient que j'en ai besoin.*

Louis connaissait les hommes qui s'étaient arrogés le droit de le juger. On ne peut pas lire sans le plus vif intérêt, sa lettre à **M.** de Malesherbes datée *du Temple*.

» Je n'ai point de termes, mon cher Males-
» herbes, pour vous exprimer ma sensibilité
» pour votre sublime dévouement. Vous avez
» été au devant de mes vœux : votre main octo-
» génaire s'est étendue vers moi pour me re-
» pousser de l'échafaud ; et si j'avais encore
» mon trône, je devrais le partager avec vous,
» pour me rendre digne de la moitié qui m'en
» resterait. Mais je n'ai que des chaînes, que vous
» rendez plus légères en les soulevant : je vous
» renvoie au Ciel et à votre propre cœur, pour
» vous tenir lieu de récompense.

» Je ne me fais pas illusion sur mon sort ; les
» ingrats qui m'ont détrôné ne s'arrêteront pas
» au milieu de leur carrière ; ils auraient trop à
» rougir de voir sans cesse, sous leurs yeux, leurs
» victimes. Je subirai le sort de Charles I.er, et

» mon sang coulera pour me punir de n'en avoir
» jamais versé.

» Mais ne serait-il pas possible d'ennoblir mes
» derniers momens ? L'assemblée nationale ren-
» ferme dans son sein les dévastateurs de ma
» monarchie, *mes dénonciateurs, mes juges, et*
» *probablement mes bourreaux. On n'éclaire pas*
» *de pareils hommes ; on ne les rend pas justes ;*
» *on peut encore moins les attendrir :* ne vaudrait-
» il pas mieux mettre quelque nerf dans ma dé-
» fense, dont la faiblesse ne me sauvera pas ?
» J'imagine qu'il faudrait l'adresser, non à la
» convention, mais à la France entière qui
» jugerait mes juges, et me rendrait, dans le
» cœur de mes peuples, une place que je n'ai
» jamais mérité de perdre. Alors mon rôle, à
» moi, se bornerait à ne point reconnaître la
» compétence du tribunal où la force me ferait
» comparaître. Je garderais un silence plein de
» dignité, et, en me condamnant, les hommes
» qui se disent mes juges, ne seraient plus que
» mes assassins.

» Au reste, vous êtes, mon cher Malesherbes,
» plus éclairé que moi : pesez dans votre sagesse
» mes raisons et les vôtres ; je souscris aveuglé-
» ment à tout ce que vous ferez : si vous assurez
» cette vie, je la conserverai pour vous faire res-

» souvenir de votre bienfait; si on nous la ravit,
» nous nous retrouverons, avec plus de charmes
» encore, au séjour de l'immortalité. »

Ses défenseurs, nourris dans les principes de la justice, ne pouvant pas se persuader qu'elle résistât toujours à l'innocence, crurent devoir lui prêter leur ministère jusqu'au dernier moment.

Témoin d'un zèle aussi ardent que pur, Louis se trouvant seul avec **M.** de Malesherbes, *j'ai une grande peine*, lui dit-il, *comment reconnaître les grandes obligations que j'ai à MM. Tronchet et Deseze ? Je n'ai plus rien......*

Ils entrent dans le même instant, Louis se précipite dans leurs bras, les presse contre son cœur; la sensibilité lui coupe la parole.

M. dé Malesherbes partage la même émotion, et ces deux vieillards, cet orateur, ce monarque confondent ainsi leurs sentimens et leurs larmes.

Le même jour, marchant à grands pas dans sa chambre, tenant un morceau de pain, tourmenté de l'impuissance de donner quelque marque de gratitude au serviteur courageux et fidèle qui s'était volontairement jeté dans la prison de son malheureux maître, Louis s'arrête, se tourne tout-à-coup vers lui, lui présente l'aliment qu'il tient dans sa main, et lui dit : *Clery, rompez ce pain, prenez-en la moitié, afin qu'il soit dit, qu'avant ma mort, j'ai au moins partagé quelque chose avec vous.*

Français, voilà votre Roi ; il n'a en son pouvoir qu'un morceau de pain à partager.

Il m'est impossible, Messieurs, de poursuivre ; la délicatesse, la sensibilité de son cœur, sont au dessus de toute expression : heureux les sujets qui ont pu porter des consolations dans ce cœur paternel ! Malesherbes, Tronchet, Deseze, vos noms sont devenus inséparables de sa mémoire, Clery marchera à votre suite, toutes les générarations vous couvriront de bénédictions, et de larmes d'attendrissement et de reconnaissance ; vous traverserez tous les siècles, pour attester à la postérité, que la bonté naturelle de Louis XVI n'a jamais été altérée ni par l'acharnement de ses persécuteurs, au milieu des plus horribles convulsions, ni par les coups imprévus de la plus affreuse adversité.

Voyons comment il l'a supportée, et si à la bonté du cœur il a joint l'héroïsme de l'ame.

SECONDE PARTIE.

En représentant le juste aux prises avec le crime, Platon appelle les hommes et les Dieux, pour être les témoins de ce combat qu'il regarde comme un spectacle digne du ciel et de la terre.

Nous avons vu, Messieurs, la lutte épouvantable que Louis XVI a eu à soutenir, et qu'il a soutenue avec le vrai courage qui consiste dans cette grandeur, cette force d'ame que les revers les plus extraordinaires, comme le moins mérités, ne peuvent ni troubler, ni ébranler, ce sentiment d'une conscience pure qui, par caractère ou par réflexion, fait face à tous les dangers.

La France a été le théâtre du combat le plus obstiné entre la bonne foi et la perfidie, la bienfaisance et la férocité, la justice des premiers âges et la corruption d'un siècle pervers, la volonté franche et loyale de maintenir une autorité tutélaire, et les assauts violens d'une secte qui voulant tout niveler pour tout détruire, méditait depuis long-temps le renversement du trône, pour arriver à celui des autels.

Louis a vu sans frayeur les coups portés à la majesté royale, comme le juste verrait la chûte de l'univers sans en être épouvanté.

C 3

Rien ne peut mieux nous dévoiler l'énergie de son caractère et de son ame, que deux de ses lettres aux ministres *Roland* et *Dumourier*.

« On peut m'étonner » dit-il à *Roland* (*)»
» mais on ne peut m'inspirer aucune crainte, et
» jamais maîtriser mon ame par ce moyen. Je
» sais que le parti dont vous me vantez le pa-
» triotisme, la puissance et la grande influence,
» est capable de tout oser; mais je sais aussi que
» celui qui lui est opposé se compose d'une ma-
» jorité de gens de bien qui doivent enfin mon-
» trer de l'audace, et user du courage de la vertu.

» Je sais que je puis succomber, que les mé-
» chans sont capables de tout; que le peuple
» égaré croit à leur patriotisme, à leur désin-
» téressement; mais, Monsieur, j'ose prédire
» que leur triomphe ne sera pas de longue durée:
» si je succombe, ils voudront partager mes dé-
» pouilles; ce partage amenera de funestes divi-
» sions; les gens de bien pourront alors respirer
» un moment; c'est alors qu'ils retrouveront
» leur courage; leur cause est juste. *Un jour*
» *peut-être les Français daigneront justifier ma*
» *mémoire.* Monsieur, je ne verrai point ces
» gens-là, et jamais je ne pourrais transiger avec
» eux. Voilà ma résolution; elle est immuable.

(*) 21 mars 1790.

» On veut que je transige avec le crime » dit-il
à Dumourier (*) » on me fait d'insolentes pro-
» positions ; on prétend avilir mon ame après
» avoir avili ma couronne ; on voudrait que les
» factieux pussent se glorifier de me voir, pour
» eux, renoncer à la grandeur, à la noble fierté
» qui me convient, à ma probité, pour aller
» me placer dans leur rang, coiffer leur bonnet
» rouge, et fraterniser avec les enfans perdus
» d'une fangeuse démagogie...... Non, point
» de transaction avec le crime ; mon cœur
» abhorre l'imposture.........

» Si vous avez promis, Monsieur, retirez
» votre parole ; dites bien à ceux qui vous ont
» fait d'insidieuses propositions, oui, Monsieur,
» d'insidieuses, que je ne puis les accepter........
» Dites-leur qu'elles me font horreur.

» Qu'ils me calomnient, qu'ils se vengent, je
» serai fidèle aux gens de bien qui me regardent ;
» à tous les Français que la nuit de l'erreur et du
» mensonge ne doit pas envelopper toujours, et
» dont je serai constamment le père et le meilleur
» ami. Voilà, Monsieur, ma profession de foi
» et ma réponse ; vous pouvez la faire connaître,
» vous ne serez pas désavoué. »

____

(*) 24 avril 1790.

C 4

Jetons un coup d'œil rapide sur les autres preuves écrites, sur cette correspondance intime, confidente et dépositaire des sentimens qui l'ont inspirée, partout nous retrouverons cette courageuse résignation, cet héroïsme de l'ame qui ont caractérisé Louis.

« Mes ennemis » écrit-il au Prince de Condé (*) »
» crient *aux armes*, leurs agens, bien endoc-
» trinés, se répandent dans les rues, dans les
» places publiques, sous les fenêtres de mon
» château ; et tous les jours ils font retentir à
» mes oreilles ce cri funèbre : *la guerre ! la*
» *guerre !* Je suis épouvanté de leur ténacité,
» de leur fureur, de leurs cris de rage. Les
» insensés ! ils veulent la guerre : ah ! si jamais
» le signal était donné, elle serait longue et
» cruelle ! comme elle n'aurait d'autre objet que
» la vengeance et la haine, elle deviendrait bar-
» bare. O Dieu ! préservez la France de ce fu-
» neste fléau ; que ces hurlemens ne soient point
» entendus ! s'il me faut descendre du trône, mon-
» ter sur l'échafaud, abandonner ce que j'ai de
» plus cher au monde, me voilà prêt ; mais
» *point de guerre, point de guerre !* »

David obligé, de la part de Dieu, de choisir entre la guerre civile, la famine et la peste, pré-

____

(*) Le 15 août 1791.

féra ce dern'er fléau aux horreurs du premier (*). Pour préserver son peuple des mêmes horreurs, Louis XVI offre à Dieu le sacrifice de sa vie.

A MONSIEUR. (**)

« Je puis éprouver le sort de Charles Ier, » parce que quand les barrières de la justice sont » rompues, il n'y a pas plus de sûreté pour celui » qui règne, que pour celui qui aspire à régner. » Lorsque la tempête brise le vaisseau, il ne » reste au passager *que le courage de la ré-* » *signation;* c'est à peu-près ma position. Les » périls qu'on me fait appréhender, n'altéreront » jamais ce que je me dois comme Roi, et comme » chef d'une des premières nations du monde.

» L'audace des factieux n'a plus de frein » ajoute-t-il (***) » des lettres anonymes me par- » viennent de toute part. On m'annonce que » nous touchons à l'époque d'une tragédie dont » le dénouement sera la chûte de la monarchie » et ma mort, si je ne me décide à rentrer dans la » vie privée. Je n'écouterai point ces insinuations » criminelles; je mourrai où la providence m'a » placé, imperturbable, parce que je n'ai jamais

_____

(*) 3.e livre des Rois , chap. 24 , vers. 12 , 13 et 14.

(**) Lettre du 28 avril 1792.

(***) 29 mai suivant.

» cessé d'être juste : je suis entièrement résigné
» à tout. *Dieu et l'espérance*; voilà, mon frère,
» ce qui ne peut m'être ravi. J'ai pour braver
» la haine des méchans, *ma conscience et la*
» *fermeté du malheur.* »

Quelle a été la conduite de ce Prince magnanime dans les fatales journées du 5 au 6 octobre, du 20 juin, du 10 août ? A-t-il montré une faiblesse avilissante et indigne d'un Roi de France, ou a-t-il déployé cette vertu mâle, ce courage commandé par les malheureuses circonstances où la fatalité l'avait précipité ?

Avec quelle grandeur d'ame n'a-t-il pas soutenu le choc inoui de l'adversité dans l'affreuse nuit du 5 au 6 octobre (*) : avec quelle dignité n'a-t-il pas agrandi son caractère loyal sur ce théâtre de crimes et de carnage ?

Tandis que les assassins massacraient les gardes du corps, parcouraient les appartemens de la Reine ; et trompés dans leur rage, déchiraient à coups de sabre le lit d'où elle venait de s'échapper; tandis que le jour commençait à éclairer les atrocités de la nuit, et que des torrens de sang allaient couler, Louis s'élevant au-dessus de lui-même, accepte la proposition qu'il avait d'abord rejetée. Il a le courage de se livrer à une

(*) 1789.

populace effrénée, et de se laisser emmener à Paris comme un captif, afin d'arracher ainsi sa famille et ses amis aux poignards qui les poursuivent.

Trente mille brigands inondent les cours, les terrasses et le château des Tuileries (*) : tout retentit de hurlemens et de menaces effroyables. Un canon est traîné, à force de bras, sur la porte de la salle des gardes ; on va la briser ; c'en est fait de la famille royale : un seul homme arrête ces tigres altérés de sang, et cet homme est Louis XVI.

Il court à la porte : *ouvrez*, dit-il aux Suisses, *je ne dois avoir rien à craindre des Français.*

On obéit, des forcenés s'élancent en criant, *où est-il ? que nous l'égorgions.*

Déjà les Suisses de sa garde ont tiré leur épée. *Non*, leur dit tranquillement le Roi, *remettez votre épée dans le fourreau, je vous l'ordonne.*

Cependant on l'entraîne au fond de la salle. Des misérables crient alors : *où est la Reine ? nous voulons sa tête.*

La généreuse Elisabeth, qui n'avait pas quitté son frère dans ce danger, se tourne vers les assassins, et leur dit avec fermeté : *la voici la Reine.*

____

(*) 20 juin 1792.

Le sang de cette victime volontaire allait être versé, si des cris multipliés n'avaient averti de la méprise.

L'aspect de cette Princesse héroïque, l'empreinte touchante de douleur et de dignité de la Reine entourée de ses enfans, l'intrépidité du Roi, la sérénité de son front déconcertent cette horde affamée de meurtres.

Un des chefs les plus bouillans, déconcerté lui-même, dit au Roi de ne rien craindre.

Moi craindre, répond Louis avec vivacité, *lorsqu'on a sa conscience pure, on ne craint pas la mort. Tiens*, ajouta-t-il, en prenant la main d'un grenadier qui était à côté de lui, *mets-la sur mon cœur, et dis à cet homme s'il bat plus vîte qu'à l'ordinaire.*

Il va nous raconter lui-même les horreurs de cette journée, dans deux lettres, une à MESDAMES et l'autre à MONSIEUR.

« Nos malheurs, mes chères tantes, sont par-
» venus au dernier degré : le plus horrible atten-
» tat a eu lieu ; mon asile a été violé ; j'ai été
» insulté, menacé, exposé aux coups des assas-
» sins. L'Europe apprendra sans doute, avec la
» plus profonde indignation, ce nouvel outrage
» fait à ma personne. La Providence veille encore
» sur moi et sur ma famille ; puisse le Ciel dé-

» tourner l'orage qui gronde, et sauver celui qui
» vous aime ! Je vous félicite d'être loin d'une
» terre où le crime veille, où les lois ne peuvent
» atteindre les coupables, où l'autorité n'a plus
» de force, où la vertu est sans considération,
» et la licence érigée en patriotisme !

» Vous êtes déjà instruit, mon cher frère »
dit-il dans une lettre du 1.er juillet » des
» outrages que j'ai endurés dans la journée du
» 20 juin; outrages d'autant plus sensibles, que
» la portion du peuple qui a violé ma demeure,
» était guidée par des hommes que j'avais autre-
» fois comblés de mes bienfaits. La garde nationale
» qui devait, à tous les titres, me défendre, était
» vendue aux perturbateurs : leur chef était trop
» fier de me braver, pour être tenté d'user de
» son autorité.

» J'ai opposé aux clameurs de la malveillance
» le calme de l'imperturbabilité ; cette fermeté
» froide a déconcerté, pour ce jour-là, leurs
» projets sanguinaires...... La Reine et toute ma
» famille ont montré une résignation héroïque :
» nous sommes familiarisés depuis long-temps à
» croire tout possible : notre sort est trop au-
» dessous de l'envie, pour que le crime achève ce
» qu'il a commencé.... Sans les consolations de la
» religion, il y a déjà long-temps que j'aurais

» renoncé au pouvoir suprême. Dumourier m'a
» proposé divers plans pour déjouer les complots
» des Jacobins, des Robespierre et des Danton;
» *mais cela ne pourrait se faire sans une grande*
» *effusion de sang : j'aime mille fois mieux être*
» *la victime des méchans, que de souiller ma vie*
» *par la mort d'un seul Français !*

» J'ignore, mon cher frère, ce que la fortune
» me réserve dans l'avenir ; quant au moment,
» on ne peut être plus malheureux que l'est votre
» ami et votre frère. »

Ah ! Prince trop confiant, ne croyez pas que
le crime balance à *achever ce qu'il a commencé.*
Plus vous êtes avare du sang de vos sujets, plus
les méchans sont altérés du vôtre. La journée
du 20 juin n'est que le prélude de celle du 10
août.

Ce jour fatal est arrivé (*), tout ce que la
scélératesse, la rage et la trahison peuvent réunir, est sous les armes. Le Roi visite les postes
qui doivent le défendre.

En jetant les yeux sur ces forces réunies, et
sur les masses toujours croissantes de la révolte,
il n'a d'autre perspective, que celle d'attendre la
mort de la main de ses sujets, ou de donner le

____

(*) 10 août 1792.

(47)

signal du combat; «mais quel combat horrible!»
Comme il le disait lui-même à M. le Comte
d'Artois. (*) » Et quelle victoire plus horrible
« encore ! Tous les Français sont mes enfans ,
» je suis le père commun de la grande famille
» confiée à mes soins. »

Dieu, protecteur de la France, arrachez Louis
à cette crise douloureuse; dissipez cette horde
infernale, calmez la fureur de ce peuple livré
à tous les accès de la plus violente frénésie !.....
Mais le tumulte augmente, les rapports les plus
alarmans, les plus sinistres présages se succèdent;
le procureur-général syndic du département, di-
recteur de la force publique, lui déclare, en présence des ministres, que le danger est à son com-
ble, qu'il n'y a qu'un moyen d'y échapper; que
ce n'est qu'en se réfugiant dans le sein de l'assemblée législative, qu'il peut sauver sa vie, celle
de la famille royale, et de tous ceux qui sont
prêts à faire le sacrifice de la leur.

Louis savait qu'il allait se jeter dans le sein
de la perfidie; mais le sang de sa famille, celui
de ses amis, celui de ce peuple ingrat dont il
fait son idole, étouffent tous ses pressentimens.
Il nous a déjà dit, qu'il ne veut pas *qu'une
goutte de sang soit répandue pour lui.* Voilà la

(*) Lettre du 7 septembre 1789.

seule voix qui crie au fond de son cœur : il n'y a plus à délibérer ; il entre dans l'assemblée, et lui dit avec autant de dignité que de courage : *Je suis venu ici pour épargner un grand crime, je me crois toujours en sûreté avec ma famille, au milieu des représentans de la nation : j'y passerai la journée,*

Ils sont retenus pendant trois jours d'abord dans un réduit si étroit, qu'il peut à peine les contenir, ensuite dans un lieu voisin de l'assemblée, afin qu'ils puissent entendre eux-mêmes les éclats de sa fureur, et voir le trône nageant dans le sang de leurs gardes.

Mais quels sont ces grands coupables qu'on transporte au milieu des huées et des imprécations ? Quel peut être ce redoutable conspirateur, ce criminel d'état, cet objet de la haine publique, qu'on va jeter avec toute sa famille dans l'horrible prison du Temple ? Pourquoi ce large et profond fossé ? Pourquoi ces huit portes de fer ? Pourquoi ces trois cents hommes qui veillent sans cesse autour de cet antre de douleur ? Plumes, encre, papier, crayons, tout lui est enlevé. Des commissaires de la municipalité le gardent à vue jusques dans sa chambre à coucher, avec défenses de lui laisser parler bas, même pendant la nuit.

Français,

Français, dans cet état d'avilissement et d'horreur, reconnaissez-vous le successeur de Charlemagne, le fils du grand Dauphin, le meilleur ami de son peuple, le père de tous ses sujets? Ces outrages faits à votre Roi qui tombe ainsi dans une affreuse prison, du haut du premier trône du monde, ne peuvent qu'exciter votre indignation.

Le poids de mon triste ministère m'accable, je n'ai que des larmes à vous offrir, à l'aspect de cette généreuse victime dont le supplice est préparé par la main des furies, dans le sein de la capitale, sous les yeux et par les ordres des traîtres, dans les bras desquels il s'était jeté, pour épargner le grand crime qui va se consommer.

C'est Louis, Messieurs, c'est lui-même qui, dans sa lettre du 11 à MONSIEUR, va vous faire ce douloureux récit; ses paroles vous inspireront plus d'intérêt et plus de sensibilité.

« Le sang et le feu ont tour-à-tour signalé
» l'affreuse journée d'hier, mon cher frère : con-
» traint de quitter mon palais avec ma famille,
» de chercher un asile au milieu de mes plus
» cruels ennemis, c'est sous leurs yeux même
» que je vous trace, peut-être pour la dernière
» fois, mon affreuse position. François I.er,
» dans une circonstance périlleuse, écrivit : *tout*

D

» *est perdu hors l'honneur ;* moi je n'ai plus
» d'autre espoir que dans la justice de Dieu, dans
» la pureté des intentions bienfaisantes que je
» n'ai jamais cessé d'avoir pour les Français.
» Si je succombe, comme tout porte à le croire,
» *souvenez-vous d'imiter Henri IV pendant le*
» *siége de Paris, et Louis XII lorsqu'il monta*
» *sur le trône.*

» Adieu, mon cœur est oppressé ; tout ce que
» je vois, tout ce que j'entends est fait pour
» m'affliger. J'ignore quand et comment je pourrai
» désormais vous écrire.

Tout a disparu, la déchéance est prononcée,
les hommes ont abandonné Louis, il ne lui reste
que son courage et sa vertu.

« Je ne suis plus Roi » ajoute-t-il dans sa
lettre du lendemain, « le cri public vous fera
» connaître la plus cruelle catastrophe...... Je suis
» le plus infortuné des époux et des pères...... Je
» suis victime de ma bonté, de la crainte, de
» l'espérance : c'est un mystère inconcevable
» d'iniquité ! on m'a tout ravi ; on a massacré
» mes fidèles sujets ; et l'on m'accuse ! me voilà
» captif ; la Reine, mes enfans, Madame Elisabeth
» partagent mon triste sort. Je n'en puis plus
» douter ! je suis un objet odieux aux yeux des
» Français prévenus........ *Voilà le coup le plus*

» *cruel à supporter*. Mon frère, bientôt je ne
» serai plus, songez à venger ma mémoire, en
» publiant *combien j'aimais ce peuple ingrat.*
» Un jour rappelez-lui ses torts, et dites-lui que
» je lui ai pardonné. Adieu, mon frère, pour la
» dernière fois. »

Oui, vous serez vengé, la mémoire du juste
ne périra pas. Après que la rage des hommes et
les puissances de l'enfer se seront déchaînées
contre vous, l'univers entier saura, que le ciel
a été dans votre cœur, jusqu'au dernier moment
de votre sacrifice ; ce peuple ingrat connaîtra vos
dernières paroles : *Peuple, je meurs innocent de
tout ce dont on m'inculpe, puisse mon sang cimen-
ter le bonheur de la France !*

J'épargne, Messieurs, à votre douleur, le récit déchirant de tout ce qu'il a souffert pendant
cinq mois dans la tour du Temple, de cette
chaîne continuelle de privations, d'insultes et
d'outrages ; du courage avec lequel il a supporté
la cruelle séparation d'avec la Reine et sa famille : je voudrais vous le montrer écoutant la
lecture de son arrêt de mort, avec le calme
de l'innocence et cette grandeur d'ame, cette
résignation qui ont arraché à deux de ses plus
acharnés détracteurs, l'aveu *qu'il était visible-
ment au-dessus des autres hommes.*

D 2

Ce fatal arrêt est irrévocable, la demande en sursis est rejetée, tout doit être consommé dans les vingt-quatre heures.

Dans cette désolante situation, ne serait-il pas permis à un souverain qui ne craint pas la mort, d'échapper à l'infamie et à l'opprobre, en tranchant lui-même la trame d'une vie dont le terme est déjà fixé au lendemain ?

C'est ce que vous redoutiez, atroces cannibales ; rassurez-vous, sa grande ame est au-dessus de votre perversité, elle est restée debout sur les débris des grandeurs humaines ; il gardera le poste où la Providence l'a placé, jusqu'à ce qu'il lui plaise de l'en retirer ; venez vous rassasier du barbare plaisir de voir tomber sa tête, et de faire couler son sang aux yeux de la populace que vous avez enivrée de votre fureur.

C'est dans les accès de cette fureur délirante, que des commissaires de la municipalité vont notifier à Louis, avant son dernier repas, que l'usage de tout instrument tranchant lui est interdit (*).

« Quoi donc » s'écrie-t-il, « me croirait-on assez

____

(*) L'arrêté portait qu'il ne lui serait pas permis de se servir même de fourchette ni de couteau.

» lâche et assez peu fidèle à mes sentimens re-
» ligieux, pour attenter à ma vie ? Je mourrai
» sans crainte ; je voudrais que ma mort pût
» éloigner de la France les malheurs que je
» prévois ! »

Mais ne prolongeons pas cette terrible agonie. Qu'entends-je ?....... mon ame se glace......, Détournons nos regards...... Jetons un voile impénétrable........ Jour affreux...... L'histoire même frémit d'être forcée de consigner cet incroyable parricide dans les annales de la nation française.

Ah ! je ne veux les ouvrir que pour y lire :

« Si vous m'aimez, mon cher Malesherbes ,
» cessez de vous affliger. Je vois le terme de
» mes maux, *ne m'enviez pas le seul asile qui*
» *me reste.* »

Oui, vous allez recevoir la récompense de vos vertus, *fils de St. Louis, montez au Ciel.* C'est là que je me plais à vous suivre et à vous contempler, la terre n'est plus digne de vous posséder. Encore quelques instans, et cette Reine qui embellissait votre trône, et cette divine sœur qui participait à tous vos dangers, et ce précieux enfant que vous destiniez au bonheur de la nation , vont partager vos palmes et votre gloire.

O ciel laisse-nous au moins le seul rejeton qui nous reste de ce père martyr de son amour pour son peuple, et de cette mère adorée ; couvre d'une ombre conservatrice, peut-être l'unique objet de nos espérances, cette vierge de prédilection, cette tendre orpheline, errante dans une vallée de larmes, cherchant en vain quelque consolation et quelque appui dans les horreurs de son affreuse prison. Puisse la providence l'envoyer comme la colombe, dans les parties du globe où l'auguste race des Bourbons aura pu prendre terre, et nous la ramener, lorsque le déluge des erreurs et des crimes se sera écoulé !

Mais il ne suffit pas que Louis ait été justifié dans les cieux, il reste encore dans les décrets éternels, qu'il le soit sur la terre.

A peine le coup mortel a-t-il été porté, qu'un crêpe de douleur s'est étendu sur toute la France, et tous les yeux ont versé des larmes à la lecture de ce testament, dont chaque ligne imprime dans les cœurs le caractère de la magnanimité de son auteur, de l'héroïsme de ses vertus, de la sublimité de ses sentimens, de la pureté de sa foi, de sa tendresse pour un peuple dénaturé, et de la générosité du pardon qu'il ne cesse de lui accorder.

Mais comment ce testament est-il parvenu jusqu'à nous ?

En partant pour le supplice, Louis le remit à un de ces deux prêtres qui, par la profanation de leur caractère, et leur scélératesse, avaient mérité le choix de la municipalité, pour assister à ce sacrifice sanglant : il refusa de le prendre, *je ne suis chargé*, lui dit-il, *que de vous conduire à l'échafaud.*

Par quel miraculeux événement *cet ouvrage immortel* se trouve-t-il dans les mains de cette municipalité, comme un monument de sa réprobation ? Par quel aveuglement assez profond l'a-t-elle laissé sortir de ses mains sacriléges, pour se répandre dans toute l'Europe, et être si fidélement exécuté sous nos yeux par Louis le Désiré ?

C'est ainsi que la Providence se joue des vains projets des méchans, et qu'elle a tiré des faisceaux de lumière, du sein même des factieux qui avaient fait tant d'efforts pour l'étouffer. Elle a voulu que la gloire de Louis fût propagée par les mêmes hommes qui avaient ambitionné d'aller se repaître du spectacle de son ignominie et de sa mort, et que ces mêmes hommes qui, par un affreux roulement de tambours, l'avaient empêché de parler à son peuple, fussent les porteurs de l'acte authentique qui dévoile toute son ame aux yeux de l'univers.

Fort de cette innocence pure et sans tache dont il a fait *sa déclaration à Dieu même, prêt à paraître devant lui*, ne pouvant pas supporter *d'être un objet odieux aux yeux des Français*, il a appelé à leur suprême jugement de l'arrêt de mort prononcé en leur nom contre lui.

Votre appel a été entendu, le voile est déchiré, le meilleur des Rois n'a jamais cessé de régner dans le cœur des vrais Français : la nation a désavoué le forfait commis par des mandataires perfides, qui n'ont pas pu la rendre responsable de cet abominable crime. Elle a livré à l'exécration publique et signalé à la postérité cet assemblage monstrueux d'accusateurs et de juges, si altérés de sang, qu'ils se sont, pour la plupart, dévorés entre eux.

Notre douleur a été partagée par toutes les nations. Lorsqu'il s'agit d'un crime qui ébranle, pour ainsi dire, la terre, et sappe les premiers fondemens de l'ordre social, les hommes de tous les pays ne forment plus qu'un seul peuple. Un mouchoir, teint du sang de Louis, a flotté sur la tour de Londres (*), comme l'étendard

____

(*) Discours sur l'antiquité du gouvernement de la monarchie française, page 3o9.

de la vengeance qui devait un jour réunir tous les potentats, et remettre la couronne sur la tête de nos rois.

France quitte enfin tes habits de deuil, les temps sont accomplis, la Providence a ramené tes légitimes souverains qu'elle avait déposés sous un ciel étranger. Les vœux de Louis XVI et les nôtres sont exaucés, Henri IV et Louis XII sont remontés sur le trône; la religion, les lois et les mœurs ont repris leurs droits et leur autorité; et cette jeune Princesse, le pur sang de Louis XVI, échappée à la hache révolutionnaire, a été conservée au milieu des bourreaux de sa famille, comme l'arche au milieu des philistins, pour être, par son union à l'héritier du trône, l'ange tutélaire de la nation, les délices de son auguste époux, l'idole des Français et le modèle de toutes les vertus.

FIN.